LYLY

ESTADISTICAS MUNDIAL DE BOCHAS

SISTEMA DE REGISTRO PARA TODOS LOS ESTILOS

ARIEL GONZALEZ

Butterfly Books Publishing

LYLY Estadísticas Mundial de Bochas Sistema de Registro Para Todos los Estilos
Copyright © 2016 Ariel González
Primera Edición Publicada por Ariel González y LYLY Bocha Institute, Inc.
en asociación con Butterfly Books Publishing

Editado y Revisado por Katelyn Silva.

ISBN (rústica) 979-8-9905662-2-4
ISBN (libro electrónico) 979-8-9905662-3-1

Impreso en los Estados Unidos de América.

www.estilodebochaslyly.org

LYLY BOCHA INSTITUE

Nuestro nombre representa un homenaje a mi esposa, mi isla y la cuna del deporte… Francia.

LYLY BOCHA INSTITUE – Oficiales y Contactos

Ariel González / Leslie Figueroa / Christian González / Maikol González / Katelyn Silva

Facebook: Bocha Institute Lubbock   Email: lylybochainstitute@hotmail.com

Sitio Pagina "WEB": estilodebochaslyly.org   Número Telefónico: (806) 464-1217 / (806) 448-2665

En honor a mi

AMADA CORONA...

LESLIE A. FIGUEROA HERNANDEZ

Creado en Julio 19 2016

PRESENTACIÓN

INTRODUCCIÓN

LYLY INSTITUTO DE BOCHAS

Respetuosamente les exhorta a ser partícipe de la *Estructura de Registro Estadístico* Mundial con motivo de expandir el desarrollo del deporte que todos amamos en una plataforma histórica.

*Los *5 formatos de estructura del sistema del ESTILO LYLY* se ajustan a *todas las disciplinas y estilos del juego* del deporte de las bochas.

1. **Formación de Equipos**
2. **Sorteo para Tablero de Juegos**
3. **Ronda de Competencias**
4. **Puntos y Estadísticas**
5. **Clasificación de Posiciones**

La adaptación del *sistema de registro de estadísticas* ESTILO LYLY brinda a su evento competitivo la distinción de proveer al atleta, oportunidad de marcar su huella en la historia del deporte de Bochas, a través del dinámico sistema de puntos el cual será registrado en una base de estadísticas mundial.

Nuestra propuesta ESTILO LYLY presenta una variable diferencia reglamentaria, guardando el cuidando de la esencia tradicional del deporte.

Es nuestra intención compartir nuestro amor y respeto por el deporte de las bochas con el mundo.

Esperamos recibir una favorable aceptación...

SISTEMA DE REGISTRO DE ESTADISTICAS – DEPORTE DE BOCHAS

Reflexión:

➤ **¿Alguna vez has jugado a las bochas antes?**

☐ si   ☐ no

Si tu respuesta es sí... Describa el estilo que juega y en qué país:

_____

_____

_____

Si tu respuesta es no... Describa qué juegos, usted sabe que piden el uso de la habilidad motora fina (coordinación del ojo, mano y fuerza) hacia un objetivo:

_____

_____

_____

➤ **Describa 3 aspectos favorables de competir en un deporte sin contacto físico:**

_____

_____

_____

➤ **¿Has tenido alguna experiencia con algún deporte unificado de habilidades adaptativas?**

☐ si   ☐ no

BONO

Juego de bochas Estilo: PETANCA
(Según del mejor entendimiento del autor)

Es un popular juego francés que se juega tradicionalmente en una zona de arena o gravilla. El objetivo es lanzar las bolas de bochas (METAL) cerca de la pequeña bola llamada "Cochonnet" (MADERA). Para iniciar el juego se hará un círculo para establecer la zona para lanzar las bolas (35-50cm). Un jugador lanzará el "Cochonnet" a una distancia de 6 a 10 metros y luego lanzará sus bolas lo más cerca posible. El siguiente equipo tomara su turno hasta que pueda estar más cerca. Se permite golpear la bola del oponente o golpear el "Cochonnet" lejos del oponente. Se puede jugar individual, o en dobles y cada jugador lanzará 3 bolas, si juega triples cada jugador lanzará 2 bolas. Los lanzamientos se realizan al suelo (rodar) o por aire (lanzados).

Una ronda termina cuando se juegan todas las bolas, y el marcador será de 1 punto para la bola más cercana al "Cochonnet" y un punto agregado por cada bola de equipo más cercana del oponente.

El primer equipo en alcanzar la cantidad establecida para el punto de juego, ganará. Por lo general, es de 13 pts.

Notas:

Boules – 650 a 800 gramos.	Cochonnet – 10 a 18 gramos
2.8 a 3.1 pulgadas de diámetro	1.18 pulgadas de diámetro
Area rectangular – 15m (L) 4m (A)	

*Para obtener reglas más específicas e información sobre el juego, sugerimos buscar referencias en línea o en su Federación Estatal para el deporte de Bochas.

INSCRIPCIÓN

Organizadores, entrenadores o atletas interesados en formar parte de "La Liga Oficial" o ser Promotor Comisionado para una competencia de Bochas Estilo LYLY, o del Sistema de Registro de Estadísticas LYLY, puede solicitar inclusión de un torneo en su ciudad y obtener permiso de derechos en el sitio web lylybocceballstyle.org.

1.1   **Equipo de Liga Oficial- Registra tu equipo de 4 jugadores en una categoría.**
Estrictamente bajo el ESTILO DE JUEGO DE BOCHAS LYLY.

➢ **Población general - 2 grupos por Categoría**
La liga de la población general, se realiza abiertamente sin distinción de GÉNERO O HABILIDAD.

- ***15-DEBAJO años de edad / *16-ARRIBA años de edad**

  - ➢ Inscripción en la liga   - $28.00 por/participante
  - ➢ Seminario Taller   - $ 7.00 por/participante
  - ➢ Logo de bocha LYLY   - $ 3.00 por/participante
  - ➢ Estadísticas, Registro   - $ 2.50 por participante
    Identificación Digital

➢ **Población Adaptada: categoría de cuatro grupos**
Liga poblacional adaptada, se realiza de manera abierta sin distinción de GÉNERO O HABILIDAD.

    *Conductual   *Sensorial   *Física   *Desarrollo
  - ➢ Inscripción en la liga   - $28.00 por/participante
  - ➢ Seminario Taller   - $ 7.00 por/participante
  - ➢ Logo de bocha LYLY   - $ 3.00 por/participante
  - ➢ Estadísticas, Registro   - $ 2.50 por participante
    Identificación Digital

La divulgación de las directrices de las competencias oficiales de la Liga se encuentra en el contexto TORNEOS (página #57).

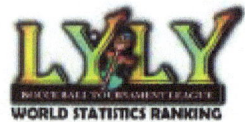

1.2 <u>Promotor Comisionado-</u> **Registre su solicitud para un evento.**
Strictly under the LYLY STATISTICS STRUCTURE, under any bocce ball style of playing.

➢ **Implementación de las 5 Estructuras del Sistema Estadístico LYLY:**

    1. **SISTEMA DE FORMACIÓN DE EQUIPOS ESTILO LYLY**
    2. **SISTEMA DE SORTEOS ESTILO LYLY**
    3. **SISTEMA DE RONDAS ESTILO LYLY**
    4. **SISTEMA DE ANOTACIÓN Y PUNTOS ESTILO LYLY**
    5. **SISTEMA DE CLASIFICACIÓN ESTILO LYLY**

➢ **Supervisar las reglas y regulaciones de un torneo de eventos bajo el consenso de derechos del Sistema de Registro de Estadísticas de LYLY**

➢ **Cada entidad organizadora será responsable de la inscripción de su evento.**

*La divulgación completa de todas las opciones, términos de licencia y tarifas de liquidación se encuentran en el contexto de la pagina #65, TARIFA DE COBERTURA DEL ESTILO LYLY.

1.3 **No se permiten cambios de jugadores durante un evento en curso.**

1.4 **Las tarifas de derechos reservados deben ser completamente cubiertas antes de cualquier promoción, anuncio de propaganda o publicidad de un evento relacionado con EL SISTEMA ESTADISTICO DEL ESTILO LYLY.**

1.5   Requisitos:

Estrictamente para Promotores Comisionados

➢ Estatutos de registro vigentes del país donde está establecida la entidad organizadora solicitante, como prueba de buen estado.

➢ Comprobante de derechos de uso, Sistema Estadístico de LYLY.

➢ Cuatro u ocho canchas - 48' L x 10' A - Población General

➢ Cuatro u ocho canchas - 40' L x 12' A - Población Adaptada

*Todas las canchas deben tener superficies idénticas. Es la solemne discreción del cuerpo que organiza un evento elegir la superficie más adecuada para su estilo de juego de bochas.

Población General	Población Adaptada
▪ Goma / Caucho	▪ Piso Sintético
▪ Arena	▪ Polipropileno
▪ Césped o Césped Artificial	▪ Resina
▪ Alfombra	▪ Madera

*Opcional - Barrera lateral de la cancha (tubos de PVC o Madera)

➢ Lista oficial de 16 equipos, formato requerido para ser presentado 15 días antes de la fecha programada del evento.

Queda a la entera discreción y responsabilidad del organismo organizador elegir el estilo de juego de bochas, reglamentos internos, premios, tarifas y otras Medidas relacionadas y/o no limitadas al evento.

Reflexión:

➢ Mencione al menos 3 variables necesarias a tener en cuenta para un sorteo de competencia justo:

_____

_____

_____

➢ Crea una idea de sorteo para 16 equipos, mostrando gran transparencia.

_____

_____

_____

➢ Crear un sistema de eliminación que exija un alto nivel de competencia.

_____

_____

_____

➢ Describa formatos de puntuación que conoce para el deporte de las bochas.

_____

_____

_____

Notas personales de cierre:

_____

_____

_____

_____

_____

_____

_____

_____

_____

_____

_____

_____

_____

_____

_____

_____

_____

_____

_____

BONO

Juego de bochas Estilo: VOLO

(Con respecto a la mejor comprensión del autor)

El Volo es un estilo Italiano de bochas que se juega en individuales, dobles, triples o cuádruples. Similar a el Petanca, en Volo hay que lanzar las bochas por el aire con la palma de la mano hacia abajo en un movimiento de carrera, penduleando el brazo de atrás hacia adelante y soltando antes de pisar el área de la marca. Sumado a esta técnica en particular, el jugador debe decir de antemano qué bola está tratando de golpear, para que su tiro sea limpio.. Es un movimiento hábil que requiere precisión y práctica. Tradicionalmente se juega en zona de arena o gravilla, el objetivo es lanzar las bolas de petanca hechas de BRONCE cerca de la pequeña bola hecha de MADERA O PLASTICO Llamada Palino lanzada por encima de 10 a 13 metros. Se juega en un área plana hecha de materiales sintéticos o tierra compactada. Para comenzar se lanzará una moneda para establecer quién comienza a lanzar la bola Pallino y 1er Volo. Luego, el oponente toma turnos hasta que uno esté más cerca que el equipo que comenzó.

Una ronda termina cuando se juegan todas las bolas, el marcador será de 1 punto para la bola más cercana al Palino y 1 punto agregado a la bola de cada equipo más cercana a la bola de bochas principal del oponente.

El primer equipo en alcanzar la cantidad establecida para el punto de juego ganará, por lo general es 9, 11, 13 o 15 pts.

Notas:

      Bochas Volo – 898 a 1,202 gramos.   Palino – 70 gramos.

           3.5 pulgadas de diámetro   1.18 pulgadas de diámetro

      Area rectangular – 27.5m (L) y 4m (A)

*Para obtener reglas más específicas e información sobre el juego, sugerimos buscar referencias en línea o en su Federación Estatal para el deporte de Bochas.

ESTRUCTURA DEL SISTEMA DE REGISTRO DE ESTADISTICAS LYLY

FORMACIÓN DE EQUIPOS

El Promotor Comisionado será responsable de realizar de manera efectiva las 5 estructuras del formato ESTILO LYLY.

2.1   Presentar exactamente un <u>total 16 equipos</u> participantes por evento.

2.2   Equipos inscritos deberán estar uniformados con nombre visible.

2.3   Será responsabilidad de los equipos inscritos estar presentes para su juego.

2.4   Los equipos serán representados por un capitán, responsable de toda postura.

2.5   Cada equipo participante será formado por 4 jugadores.

2.6   *Población Adulta General*

(Menores de -15 años) (Mayores de +16 años) independientemente del género o las habilidades.

* Cada atleta participante en un evento registrado es ingresado al Sistema de Registro de Estadísticas.

2.7   *Población adaptada 4 niveles*:
Conductual, Sensorial, Físico y Desarrollo.

* Cada atleta que participa en un evento registrado es ingresado en el Sistema de Registro de Estadísticas según su nivel.

*** Estructura Estilo LYLY (#1)**
La implementación del sistema de FORMACIÓN DE EQUIPOS es REQUICITO INREVOCABLE para realizar su evento dentro de los parámetros reglamentarios del SISTEMA DE REGISTRO DE ESTADÍSTICAS ESTILO LYLY.

Reflexión:

➢ Mencione si prefiere o no participar en la estructura de estas normas:

1	No hay jugador extra por equipo	(si) _____	(no) _____
2	2 Categorías abiertas (-15) / (16+)	(si) _____	(no) _____
3	Inscripción exclusiva de 16 equipos	(si) _____	(no) _____
4	Nombre y número en los uniformes	(si) _____	(no) _____

➢ Describa por qué es una ventaja o una desventaja, ser un jugador-capitán:

_____

_____

_____

➢ Describa lo favorable de hacer responsable al equipo de su participación:

_____

_____

_____

➢ ¿Has tenido experiencia con el juego de boccia de habilidades adaptadas?

_____

_____

_____

Notas personales de cierre:

_____

_____

_____

_____

_____

_____

_____

_____

_____

_____

_____

_____

_____

_____

_____

_____

_____

BONO

Juego de bochas Estilo: RAFFA
(Con respecto a la mejor comprensión del autor)

La Raffa se originó en ITALIA, Este estilo de bochas se juega en forma individual, dobles o triples. Es similar al Petanca, pero en RAFFA puedes lanzar las bolas de bochas con la palma hacia abajo o hacia arriba en un movimiento de carrera penduleando el brazo de atrás hacia adelante y soltando antes de pisar el área de la marca. Sumado a esta técnica en particular, el jugador debe decir de antemano qué bola está tratando de golpear, para que su tiro sea limpio. Es un movimiento hábil que requiere precisión y práctica. Tradicionalmente se juega en tierra batida o alfombra, el objetivo es lanzar las bolas de petanca hechas de RESINA SÓLIDA cerca de la pequeña bola hecha de MATERIAL SINTÉTICO Llamada "Jack" o Pallino. Se juega en un área plana de arcilla o alfombra. Para comenzar un juego, lanza una moneda (piedra, papel o tijera) para establecer quién comenzará a lanzar el palino y la primera bola de bochas Volo. Luego el oponente toma turnos hasta que pueda estar más cerca que el equipo contrario.

Una ronda termina cuando se juegan todas las bolas, el marcador será de 1 punto para la bola más cercana al palino y 1 punto agregado por cada bola de equipo más cercana a la bola de bochas principal del oponente.

El primer equipo en alcanzar la cantidad establecida para el punto de juego ganará, por lo general es de 12 o 15 pts.

Notas:

        Bochas Raffa – 920 gramos.   Palino – 90 gramos.

                3.5 pulgadas de diámetro   1.57 pulgadas de diámetro

        Area rectangular – 26.5m (L) y 5m (A)

*Para obtener reglas más específicas e información sobre el juego, sugerimos buscar referencias en línea o en su Federación Estatal para el deporte de Bochas.

SORTEO PARA TABLERO DE JUEGOS

El Promotor Comisionado será responsable de realizar de manera efectiva las 5 estructuras del formato ESTILO LYLY.

3.1   Eventos ESTILO LYLY tendrán como estructura la realización de 2 sorteos.

3.2   1er sorteo - Establecer orden 1 a 16 de los equipos para el 2do sorteo.
Se colocarán 16 pelotas de ping-pong dentro de una ruleta de rifa, cada una de las cuales contiene un equipo participante en el torneo. Al sacar las pelotas de ping-pong de los 16 equipos de la ruleta, se realizará el 2º sorteo, para establecer lugares de secciones A-B-C-D.

3.3   2do sorteo – Establece puestos al azar de cada 4 espacios por sección.
Sections: (A) A1 – A2 – A3 – A4 (B) B1 – B2 – B3 – B4 (C) C1 – C2 – C3 – C4 (D) D1 – D2 – D3 – D4

3.4   16 pelotas de ping pong con los espacios disponibles para cada una de las 4 secciones, serán sorteadas por el orden previamente establecido, los equipos tomarán una bola para reclamar su lugar en el cuadro para la primera ronda de juegos.

3.5   El sorteo del evento Estilo LYLY se realiza con exactamente 16 equipos inscritos.

3.6   El sistema ofrece transparencia colocando equipos en las secciones.

Nota: Es necesario presentar en forma de sorteo las 4 secciones (A-B-C-D) y 4 espacios disponibles dentro de cada sección.

* Estructura Estilo LYLY (#2)
La implementación del sistema de SORTEOS es REQUICITO INREVOCABLE para realizar su evento dentro de los parámetros reglamentarios del SISTEMA DE REGISTRO DE ESTADÍSTICAS ESTILO LYLY.

Reflexión:

➤ **Mencione si prefiere o no participar en la estructura de estas normas:**

1	Primer sorteo para orden de equipos:	(si) _____	(no) _____
2	Segundo sorteo para orden de sección:	(si) _____	(no) _____
3	4 secciones de 4 equipos:	(si) _____	(no) _____
4	Estructura de exactamente 16 equipos:	(si) _____	(no) _____

➤ **Describa por qué es ventaja o desventaja, esta estructura de sorteo:**

_____

_____

_____

➤ **Describa 3 aspectos favorables del formato de selección de competencia:**

_____

_____

_____

➤ **¿Has tenido alguna experiencia con una estructura de sorteo no tradicional?**

_____

_____

_____

Notas personales de cierre:

_____

_____

_____

_____

_____

_____

_____

_____

_____

_____

_____

_____

_____

_____

_____

_____

_____

_____

_____

_____

BONO

Juego de bochas Estilo: BOLAS CRIOLLAS

(Con respecto a la mejor comprensión del autor)

Las Bolas Criollas es el estilo de bochas de VENEZUELA, influenciado por el juego de petanca Europeo. Equipos están formados por 2 jugadores y cada jugador tendrá 4 bochas para lanzar, por lo que cada equipo tendrá un total de 8 bolas. En Las bolas Criollas se lanzan las bolas de bochas con la palma de la mano hacia arriba o hacia abajo desde la zona de marcaje.

Tradicionalmente se juega sobre césped plano o grava libre de obstáculos, el objetivo es lanzar las bolas de bochas hechas de MATERIAL SINTÉTICO cerca de la pequeña bola hecha de ACEROO o HIERRO llamado Mingo. Para comenzar un juego, se lanza una moneda para establecer quién comenzará a lanzar el Mingo y la primera bola de bochas. Luego, el oponente toma turno hasta que pueda estar más cerca que el equipo contrario.

Una ronda termina cuando se juegan todas las bolas, el marcador será de 1 punto para la bola más cercana al Mingo y 1 punto agregado a la bola de cada equipo más cercana que la bola de bochas principal del oponente.

El primer equipo en alcanzar la cantidad establecida para el punto de juego ganará, por lo general es de 100 pts.

Notas:

Bochas Criollas – 920 gramos.
6 pulgadas de diámetro
Area rectangular – 20 a 30 m (L) y 3 a 4m (A)

Mingo – 90 gramos.
2 pulgadas de diámetro

*Para obtener reglas más específicas e información sobre el juego, sugerimos buscar referencias en línea o en su Federación Estatal para el deporte de Bochas.

FORMATO DE RONDAS

El Promotor Comisionado será responsable de realizar de manera efectiva las 5 estructuras del formato ESTILO LYLY.

4.1 (A) <u>**LA PRIMERA RONDA**</u> **- Consistirá en tres partidos de división, en contra de los equipos dentro de su sección.**

➤ **Cada sección contará con la división INDIVIDUAL para el primer juego.**
Secciones:

Sección A	1 vs 2 / 3 vs 4
Sección B	1 vs 2 / 3 vs 4
Sección C	1 vs 2 / 3 vs 4
Sección D	1 vs 2 / 3 vs 4

➤**Cada sección contara con la división de DOBLES para el segundo juego.**
Sections:

Sección A	G vs G / P vs P
Sección B	G vs G / P vs P
Sección C	G vs G / P vs P
Sección D	G vs G / P vs P

➤**Cada sección presentará la división de GRUPO para el tercer juego.**
Sections:

Sección A	G vs ENJ / ENJ vs ENJ
Sección B	G vs ENJ / ENJ vs ENJ
Sección C	G vs ENJ / ENJ vs ENJ
Sección D	G vs ENJ / ENJ vs ENJ

(*ENJ – Equipo NO Jugado – En relación con el resultado de los dos juegos previos dentro de su sección.)

<u>Estructura de Estilo LYLY (#3)</u>
La implementación del FORMATO DE RONDAS es un REQUISITO INREVOCABLE para llevar a cabo su evento dentro de los parámetros reglamentarios del SISTEMA DE REGISTRO DE ESTADÍSTICAS AL ESTILO LYLY.

4.2 (B) **Los equipos completarán 3 juegos para total de 10 partida por jugador.**
Ejemplo basado en una sola sección, use formato para todas las secciones.

➢ La *división de individuales* tendrá 4 partidas por equipos.

Equipos por sección: (1 vs 2)   (3 vs 4)

<u>**1 atleta por partida**</u>   <u>**1 atleta por partida**</u>

Partida #1	Jugador #1 - vs - Jugador #1	Jugador #1 - vs - Jugador #1
Partida #2	Jugador #2 - vs - Jugador #2	Jugador #2 - vs - Jugador #2
Partida #3	Jugador #3 - vs - Jugador #3	Jugador #3 - vs - Jugador #3
Partida #4	Jugador #4 - vs - Jugador #4	Jugador #4 - vs - Jugador #4

*Cada jugador lanzará 4 bolas de bochas para su partida en la división de SENCILLO.

➢ *Doubles Division* will hold 2 sets per team.

Teams by Section: (G vs G)   (P vs P)

<u>**2 atletas por partida**</u>   <u>**2 atletas por partida**</u>

Partida #5	Pareja #1 – vs – Pareja #1	Pareja #1 – vs – Pareja #1
Partida #6	Pareja #2 – vs – Pareja #2	Pareja #2 – vs – Pareja #2

*Cada jugador lanzará 2 bolas de bochas para su partida en la división de DOBLES.

➢ *Teams Division* will hold 4 sets per team.

Teams by Section: (G vs ENJ)   (ENJ vs ENJ)

<u>**4 atletas por partida**</u>   <u>**4 atletas por partida**</u>

Partida #7	Grupo – vs – Grupo	Grupo – vs – Grupo
Partida #8	Grupo – vs – Grupo	Grupo – vs – Grupo
Partida #9	Grupo – vs – Grupo	Grupo – vs – Grupo
Partida #10	Grupo – vs – Grupo	Grupo – vs – Grupo

*cada jugador lanzará 1 bola de bocha por partida en la división de EQUIPOS.

<u>*Estructura de Estilo LYLY (#3)</u>
La implementación del FORMATO DE RONDAS es un REQUISITO INREVOCABLE para llevar a cabo su evento dentro de los parámetros reglamentarios del SISTEMA DE REGISTRO DE ESTADÍSTICAS AL ESTILO LYLY.

4.2 (A)   <u>LA SEGUNDA RONDA</u> Los juegos se llevará a cabo entre las respectivas posiciones obtenidas por cada equipo, por sección después de terminar la primera ronda, estableciendo el *desafío entre los cruces de equipos*.

➢ Equipos en 1er lugar de cada sección, ocuparán los puestos 1 a 4.

Sección A:

<u>1er juego - Individuales</u>	1 A vs 1 B / 1 C vs 1 D
<u>2do juego - Dobles</u>	G vs G / P vs P
<u>3er juego - Grupo</u>	G vs ENJ / ENJ vs ENJ

➢ Equipos en 2do lugar de cada sección, ocuparán los puestos 1 a 4.

Sección B:

<u>1er juego - Individuales</u>	2 A vs 2 B / 2 C vs 2 D
<u>2do juego - Dobles</u>	G vs G / P vs P
<u>3er juego - Grupo</u>	G vs ENJ / ENJ vs ENJ

➢ Equipos en 3er lugar de cada sección, ocuparán los puesto 1 a 4.

Sección C:

<u>1er juego - Individuales</u>	3 A vs 3 B / 3 C vs 3 D
<u>2do juego - Dobles</u>	G vs G / P vs P
<u>3er juego - Grupo</u>	G vs ENJ / ENJ vs ENJ

➢ Equipos en 4to lugar de cada sección, ocuparán los puestos 1 a 4.

Sección D:

<u>1er juego - Individuales</u>	4 A vs 4 B / 4 C vs 4 D
<u>2do juego - Dobles</u>	G vs G / P vs P
<u>3er juego - Grupo</u>	G vs ENJ / ENJ vs ENJ

(*ENJ – Equipo contra el que no se ha jugado– con relación a los 2 juegos anteriores jugados dentro de su sección.)

<u>Estructura de Estilo LYLY (#3)</u>
La implementación del FORMATO DE RONDAS es un REQUISITO INREVOCABLE para llevar a cabo su evento dentro de los parámetros reglamentarios del SISTEMA DE REGISTRO DE ESTADÍSTICAS AL ESTILO LYLY.

4.2 (B) **Los equipos completarán 3 juegos, para total de 10 partida por jugador.**

*Ejemplo basado en una sola sección.   **Usar formato para todas las secciones.

(secc. A - 1er Equipos posicionados)   (secc. B 2do / C 3ro / D 4to Equipos posicionados)

> **La división de INDIVIDUALES tendrá 4 sets por equipos, igual que la ronda anterior.**

Equipos por sección: **(1er A vs 1er B)**   **(1er C vs 1er D)**

1 atleta por partida	1 atleta por partida

Partida #1	Jugador #1 - vs - Jugador #1	Jugador #1 - vs - Jugador #1
Partida #2	Jugador #2 - vs - Jugador #2	Jugador #2 - vs - Jugador #2
Partida #3	Jugador #3 - vs - Jugador #3	Jugador #3 - vs - Jugador #3
Partida #4	Jugador #4 - vs - Jugador #4	Jugador #4 - vs - Jugador #4

*Cada jugador lanzará 4 bolas de bochas para su partida en la división de SENCILLO.

> **La división de DOBLES obles tendrá 2 partidas por equipos.**

Equipos por sección: **(G vs G)**   **(P vs P)**

2 atletas por partida	2 atletas por partida

| Partida #5 | Pareja #1 – vs – Pareja #1 | Pareja #1 – vs – Pareja #1 |
| Partida #6 | Pareja #2 – vs – Pareja #2 | Pareja #2 – vs – Pareja #2 |

*Cada jugador lanzará 2 bolas de bochas para su partida en la división de DOBLES.

> **La división de EQUIPO tendrá 4 sets por equipos.**

Equipos por sección: **(G vs ENJ)**   **(ENJ vs ENJ)**

4 atletas por partida	4 atletas por partida

Partida #7	Grupo – vs – Grupo	Grupo – vs – Grupo
Partida #8	Grupo – vs – Grupo	Grupo – vs – Grupo
Partida #9	Grupo – vs – Grupo	Grupo – vs – Grupo
Partida #10	Grupo – vs – Grupo	Grupo – vs – Grupo

*Cada jugador lanzará 1 bola de bocha por partida en la división de EQUIPOS.

Estructura de Estilo LYLY (#3)

La implementación del FORMATO DE RONDAS es un REQUISITO INREVOCABLE para llevar a cabo su evento dentro de los parámetros reglamentarios del SISTEMA DE REGISTRO DE ESTADÍSTICAS AL ESTILO LYLY..

Reflexión:

➢ **¿Has experimentado una configuración de rondas como el Estilo LYLY?**

_____

_____

_____

➢ **¿Cómo comparas el formato de ronda del Estilo LYLY con los tradicionales?**

_____

_____

_____

➢ **¿Le parece desafiante el formato de competencia por división?**
(sencillo - dobles - grupo)

_____

_____

_____

Notas personales de cierre:

_____

_____

_____

_____

_____

_____

_____

_____

_____

_____

_____

_____

_____

_____

_____

_____

_____

_____

_____

_____

BONO

Juego de bochas Estilo: BOCCIA

(Con respecto a la mejor comprensión del autor)

El BOCCIA es el estilo de bochas de Italia para deportistas con discapacidad. Los equipos se forman individualmente, a partir de 2 o 3 jugadores. Los equipos usan 6 bolas de cuero (color rojo y azul) para rodar y tratar de acercarse a la bola de palino (blanca), en el interior una superficie lisa de 10 x 6 metros dividida en 6 rectángulos para establecer el área de tiro de jugadores. Se lanza una moneda para decidir el color de cada equipo y para comenzar el juego lanzando el palino y la primera bola de Boccia, el palino debe caer dentro del área de la marca V. Luego, el equipo oponente lanza hasta que esté más cerca. Cada jugador ocupará un lugar de caja desde donde lanzar. Tradicionalmente se juega sobre área plana, sobre material SINTÉTICO o VINIL.

Una ronda termina cuando se juegan todas las bolas, el marcador será de 1 punto para la bola más cercana al palino y 1 punto agregado a la bola del mismo equipo más cercana que la bola de bochas principal del oponente.

En competencia individual o dobles ganará el jugador (es) con más puntos después de 4 rondas, en la competencia de equipo es después de 6 rondas.

Notas:

Bolas de Boccia – 275 gramos.   Palino – 275 gramos.

      3.37 pulgadas de diámetro   3.75 pulgadas de diámetro

Area rectangular – 10m (L) y 6m (A)

*Para obtener reglas más específicas e información sobre el juego, sugerimos buscar referencias en línea o en su Federación Estatal para el deporte de Bochas.

FORMATO DE PUNTOS

El Promotor Comisionado será responsable de realizar de manera efectiva las 5 estructuras del formato ESTILO LYLY.

5.1   **Todo atleta participante de juegos locales, competencias regionales, eventos nacionales e internacionales, registrado al sistema estadístico Estilo LYLY, generan datos de estadísticas de aprovechamiento individual y de equipo.**

5.2   **El sistema de puntos ESTILO LYLY se genera a través de 6 formas de marcas:**

✓ **Arrime**   (.5 pnt)   Ball shot that reaches a distance of 2.5 or less from the palina.
✓ **Puntero**   (1 pnt)   Ball shot that scores a point during the set.
✓ **Desbancar** (1.5 pnt)   Ball shot that takes the opponent's point away.
✓ **Bochar**   (2 pnt)   Ball shot that hits the opponent out of point spot.
✓ **Punta**   (2.5 pnt)   Ball shot that takes away the point by hitting the *palina.*
✓ **Boche**   (3 pnt)   Ball shot that manages to stay touching the palina.

5.3   **Cada intento puede generar múltiple acumulación de puntos.**

5.4   **La totalidad de puntos obtenidos serán procesados en una formula a través la cual se calcula el porcentaje de estadísticas de cada *equipo* y de *jugador,* para el posicionamiento en el registro por categoría GENERAL e INDIVIDUAL.**

* Estructura de Estilo LYLY (#4)
La implementación del FORMATO DE PUNTOS es un REQUISITO INREVOCABLE para llevar a cabo su evento dentro de los parámetros reglamentarios del SISTEMA DE REGISTRO DE ESTADÍSTICAS ESTILO LYLY.

El formato de la estructura del sistema de registro de estadísticas del ESTILO LYLY es compatible con todas las disciplinas de estilo competitivo del DEPORTE:

➢ **BOCCE - BOCCIA - RAFFA - VOLO - BOCHAS - PETANCA - BOLAS CRIOLLAS** etc.

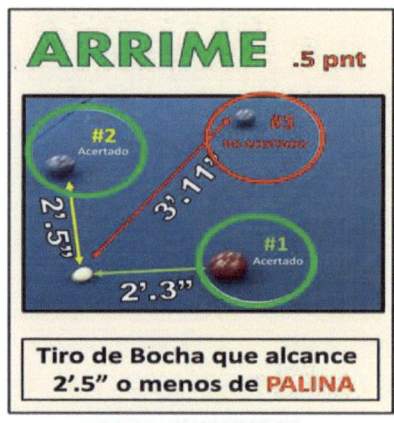

ARRIME .5 pnt

Tiro de Bocha que alcance 2'.5" o menos de PALINA

PUNTERO 1 pnt

Tiro de Bocha que marque punto durante partida

DESBANCAR 1.5pnt

Tiro de Bocha que quita el punto de juego al contrario

BOCHAR 2 pnt

Tiro de Bocha que golpee fuera del punto al contrario

PUNTA 2.5 pnt

Tiro de Bocha que quita el punto golpeando la palina

BOCHE 3pnt

Tiro de Bocha que logra permanecer tocando palina

Atletas participantes en un evento registrado en el sistema de estadísticas Estilo LYLY puede generar cuatro de seis posibilidades de marcas en cada tirada. ** Quitar el punto al contrario solo permite una de tres posibilidades de marcar punto.

5.5   *Estadísticas Generales Individuales* **(E.G.I)**

Porcentaje total de acumulación de intento asertivo.

Derivado del porcentaje de tiros asertivos, genera acumulación para Estadísticas Generales Individuales del evento.

E.G.I. Comparativa entre 4 jugadores:

	total de tiro	tiros asertivos de jugadores				promedio de jugadores				Estadísticas Generales Individuales			
		#1	#2	#3	#4	#1	#2	#3	#4	#1	#2	#3	#4
Ejemplo #1	10	3	6	8	9	30%	60%	80%	90%	3pnt.	6pnt.	8pnt.	9pnt.
Ejemplo #2	30	8	16	24	27	26%	53%	80%	90%	2.6pnt.	5.3pnt.	8pnt.	9pnt.

5.6   *Estadísticas de Categorías Individuales* **(E.C.I)**

Acumulación total de la suma de puntos de cada una de las (6) marcas.

Derivado de los puntos otorgados por los tiros, generando acumulación para Estadísticas de Categorías de Jugadores del evento.

E.C.I. - jugador #1 (1ra ronda)

Categorías: **ARRIME – PUNTERO – DESBANCAR – BOCHAR – PUNTA – BOCHE**

división	ARRIME	PUNTERO	DESBANCAR	BOCHAR	PUNTA	BOCHE
I	2 pnt.	3 pnt.	1.5 pnt.	0 pnt.	5 pnt.	0 pnt.
D	1 pnt.	1 pnt.	0 pnt.	2 pnt.	0 pnt.	0 pnt.
G	1.5 pnt.	2 pnt.	3 pnt.	0 pnt.	0 pnt.	0 pnt.
	4.5	5	4.5	2	5	0

* Estructura de Estilo LYLY (#4)

La implementación del FORMATO DE PUNTOS es un REQUISITO INREVOCABLE para llevar a cabo su evento dentro de los parámetros reglamentarios del SISTEMA DE REGISTRO DE ESTADÍSTICAS ESTILO LYLY.

5.7   *Estadísticas General de Equipo* **(E.G.E.)**

Porcentaje total de acumulación total de puntos por victorias de cada set, mas la suma de todos los puntos de los jugadores de equipo.

Derivado de los puntos de victorias por evento, genera acumulación para Estadísticas General de Equipo del evento.

E.G.E - 1ra ronda.
(Resultado de 4 jugadores para el equipo #1)

Ejemplo:	Total de partidas	puntos acumulados (W)	puntos acumulados (p/p)	puntos por división
Equipo #1	(individual - 4)	10	38	48
	(doble - 2)	5	20	25
	(grupo - 4)	10	28.5	38.5
Equipo #1 Total E.G.E: 10/40 intentos		**25**	**86.5**	**111.5**

5.8   Estadísticas de Categoría de Equipo (E.C.E.)

Acumulación total de la suma de puntos de cada una de las (6) marcas por categoría de todos los jugadores de equipo.

Derivado de los puntos obtenidos por cada jugador, genera acumulación para Estadísticas de Categoría de Equipo del evento.

E.C.E. 1ra ronda: (Resultado de 4 jugadores)	ARRIME – (Approach)	PUNTERO – (Lead)	DESBANCAR – (Unseat)	BOCHAR – (Boccia)	PUNTA – (Un-seated)	BOCHE (Bocced)
Partida						
Individual	8 pnt.	11 pnt.	6 pnt.	8 pnt.	5 pnt.	0 pnt.
Doble	3.5 pnt.	6 pnt.	3 pnt.	2 pnt.	2.5 pnt.	3 pnt.
Grupo	5.5 pnt.	8 pnt.	1.5 pnt.	6 pnt.	7.5 pnt.	0 pnt.
E.C.E Total por categoría	**17 pnt.**	**25 pnt.**	**10.5 pnt.**	**16 pnt.**	**15 pnt.**	**3 pnt.**

5.9   Cada partida otorgará 5 puntos al equipo ganador. El equipo perdedor obtendrá 1 punto por cada vez que haya tenido la ventaja durante el partido.

*Estructura de Estilo LYLY (#4)
La implementación del FORMATO DE PUNTOS es un REQUISITO INREVOCABLE para llevar a cabo su evento dentro de los parámetros reglamentarios del SISTEMA DE REGISTRO DE ESTADÍSTICAS ESTILO LYLY.

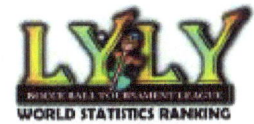

HOJA DE REGISTRO DE PUNTOS - ESTILO LYLY

La recuperación de datos de los eventos serán ingresados directamente a nuestra base de registros a través de la hojas oficiales suministradas al registrar su evento.

➢ Partida de Individual.

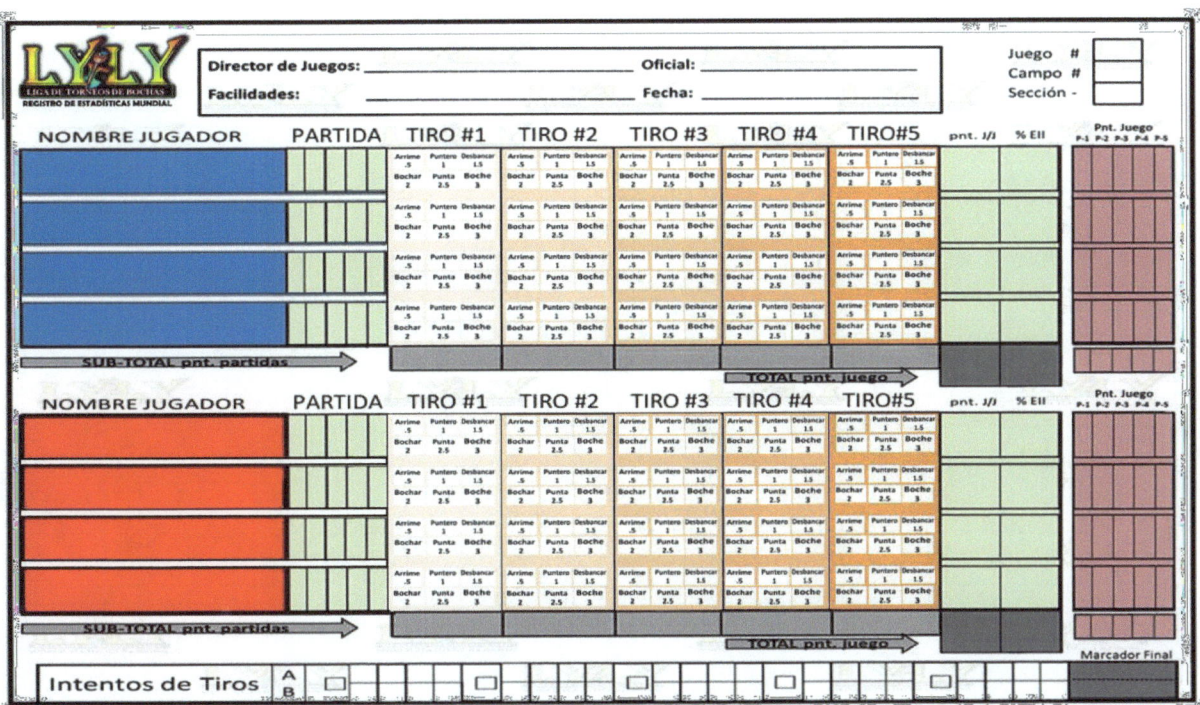

Atletas participantes en un evento registrado en el sistema de estadísticas Estilo LYLY podrán tener acceso a tablero de estadísticas y evaluar su progreso.

La recuperación de datos de los eventos serán ingresados directamente a nuestra base de registros a través de la hojas oficiales suministradas al registrar su evento.

➢ **Partida de Dobles.**

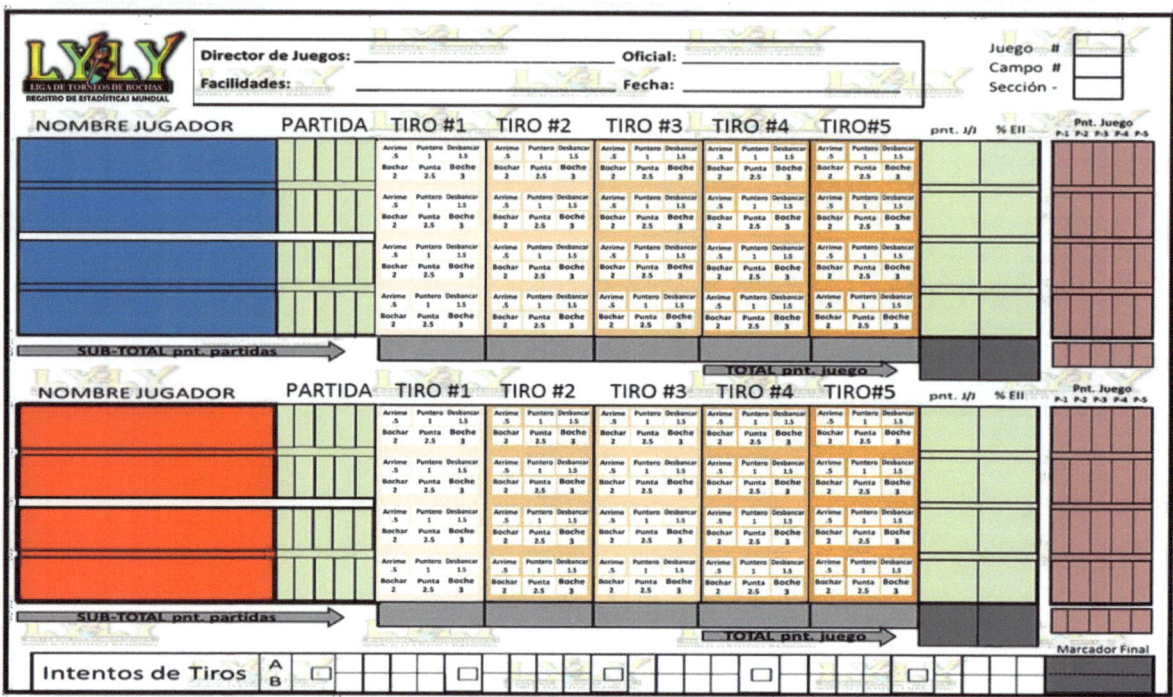

Atletas participantes en un evento registrado en el sistema de estadísticas Estilo LYLY podrán tener acceso a tablero de estadísticas y evaluar su progreso.

La recuperación de datos de los eventos serán ingresados directamente a nuestra base de registros a través de la hojas oficiales suministradas al registrar su evento.

➢ **Partida de Equipos.**

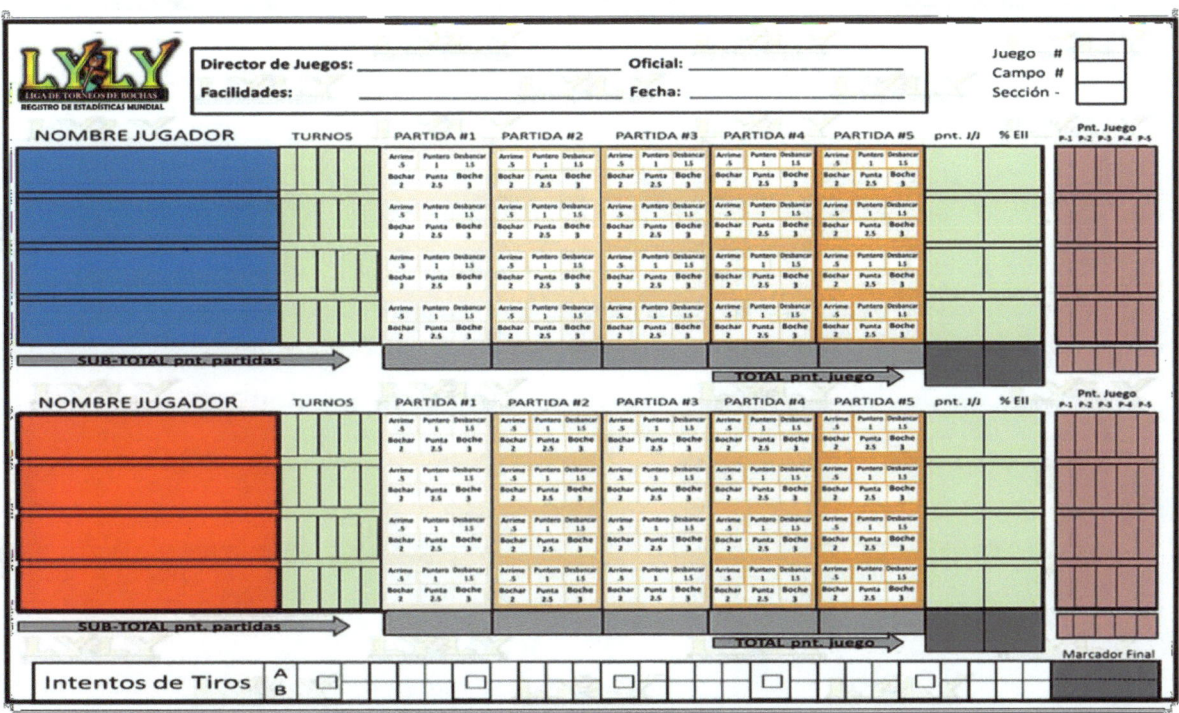

Atletas participantes en un evento registrado en el sistema de estadísticas Estilo LYLY podrán tener acceso a tablero de estadísticas y evaluar su progreso.

FORMATO DE PUNTOS - EJEMPLOS

NOTAS:

Formación de estadísticas para Juan Del Pueblo del equipo azul.

(Jugador #1 en individual - jugador (a) en dobles y jugador (a) en equipo.)

1. Juego de individuales - Juan Del Pueblo juega para el equipo azul.

El equipo rojo jugó primero. El equipo azul golpea el rojo. | Rojo 4to tiro retoma el punto. azul golpea al rojo | Azul coloca otro punto. | Azul coloca ultimo punto.

1er tiro-pnt._____ 2do tiro-pnt._____ 3er tiro-pnt._____ 4to tiro-pnt._____

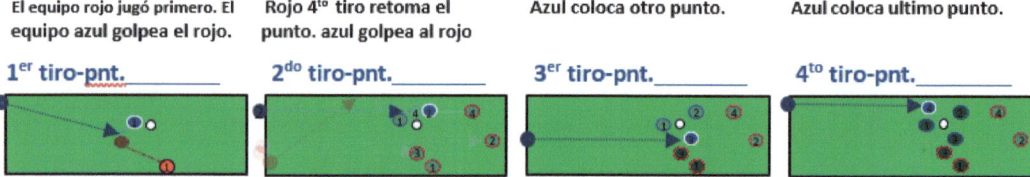

Muestra de todos los tiros de bochas para la competencia de juegos individuales de Juan D Pueblo.

2. Juego de Dobles- Juan Del Pueblo hace primer tiro, equipo azul.

(a) Eqp. azul tira 1ro . Eqp. rojo golpea la palina. | Eqp. rojo tiene el punto. Azul esta 4' de la palina. | Jugador (a) azul golpea afuera de la partida al rojo. | Todas las bolas rojas ya fueron jugadas. Azul esta 8' de la palina.

5to tiro-pnt._____   6to tiro-pnt._____

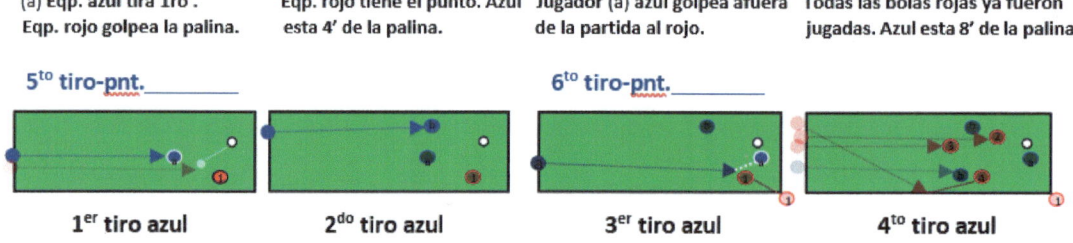

1er tiro azul   2do tiro azul   3er tiro azul   4to tiro azul

3. Juego de equipo - Juan Del Pueblo hace primer tiro, equipo azul.

(a) Eqp. azul tira 1ro. Rojo golpea la palina y gana 1er set. | Rojo tira 1ro, (a) 2do tiro azul gana el punto 2do set. | Eqp. azul tira 1ro. Rojo lleva el punto. (a) 3er tiro gana set. | Eqp. azul tira 1ro. Rojo lleva el punto. (a) 4to tiro gana set.

7mo tiro-pnt._____ 8vo tiro-pnt._____ 9no tiro-pnt._____ 10mo tiro-pnt._____

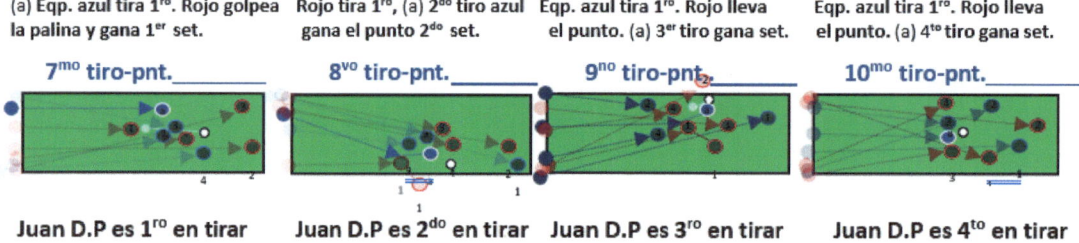

Juan D.P es 1ro en tirar   Juan D.P es 2do en tirar   Juan D.P es 3ro en tirar   Juan D.P es 4to en tirar

SISTEMA DE REGISTRO DE ESTADISTICAS – DEPORTE DE BOCHAS

Reflexión:

➢ ¿Has jugado bochas con un sistema de puntos distinto al tradicional?

_____

_____

_____

➢ ¿Cómo comparas el sistema de puntos del Estilo LYLY con el tradicional?

_____

_____

_____

➢ ¿Le parece un sistema que puede beneficiar el deporte de bocha?

_____

_____

_____

Notas personales de cierre:

_____

_____

_____

_____

_____

_____

_____

_____

_____

_____

_____

_____

_____

_____

_____

_____

_____

_____

BONO

Juego de bochas Estilo: BOCCE BALL
(Con respecto a la mejor comprensión del autor)

La bocha es un estilo originario de Italia. Los equipos son formados para competencia individual, equipos de pareja, 3 o grupo de 4 jugadores. Los equipos utilizarán 4 bolas de bochas con marcas y con diferentes colores cada equipo. ¡Puedes rodar o lanzar la bola para acercarte a la palina. La cancha debe ser de superficie lisa de 27,5 m de largo por 4 m de ancho cerrada por barreras de madera u hormigón. Una moneda es lanzar para decidir ¿Quién comenzará el juego lanzando la palina y la primera bocha, la palina debe aterrizar de 4 m a 8 m del área de inicio, luego, el oponente se turnará hasta que uno esté más cerca. Tradicionalmente se juega sobre suelos planos de SINTÉTICO, TIERRA, HIERBA o ALFOMBRA.

Una ronda termina cuando se juegan todas las bolas, el marcador será de 1 punto para la bola más cercana a la palina y 1 punto agregado a la bola del mismo equipo más cercana de la bola de bochas principal del oponente.

El primer equipo en alcanzar la cantidad establecida para el punto de juego ganará, puede ser de 4 a 12 puntos.

Notas:

Bola de boccia – 920 gramos.   Palina – 50-57 gramos.
4.2 pulgadas de diámetro   1.5 pulgadas de diámetro
Area rectangular – 27.5 m (largo) y 4m (ancho)

*Para obtener reglas más específicas e información sobre el juego, sugerimos buscar referencias en línea o en su Federación Estatal para el deporte de Bochas.

CLASIFICACIÓN LIGA DE TORNEOS

El Promotor Comisionado será responsable de realizar de manera efectiva la 5 estructuras del formato LYLY STYLE.

6.1 La estructura de clasificación otorga al equipo con la puntuación más alta como ganador.

6.2 En 1er orden, solo la suma de los puntos de todos los sets ganadores de acuerdo con la división jugada determinará el ganador del juego.

6.3 En caso de empate, los puntos ventaja durante la partida serán sumados para buscar un desempate y determinará el ganador del juego.

6.4 En caso de un segundo empate, los puntos de cada jugador por juego serán sumados para buscar un desempate y determinará el ganador.

6.5 En caso de tercer empate, se realizará un 5to set adicional, y los puntos del ganador del set determinará que equipo gana el juego.

* Una vez concluida la segunda ronda de partidos, la posición de equipo a la tabla de clasificación, estará sujeto a la posición de acuerdo con cada sección.

	Sección A	Sección B	Sección C	Sección D
Posiciones:	1ro al 4to lugar	5to a 8vo lugar	9no a 12vo lugar	13vo a 16vo lugar

Reflexión:

➤ ¿Qué beneficios puede tener la ronda de clasificación del Estilo LYLY?

_____

_____

_____

➤ ¿Cómo comparas la clasificación del Estilo LYLY con otras clasificaciones?

_____

_____

_____

➤ ¿Le parece una clasificación que puede beneficiar el deporte de bocha?

_____

_____

_____

Notas Personales Cierre:

_____

_____

_____

_____

_____

_____

_____

_____

_____

_____

_____

_____

_____

_____

_____

_____

SISTEMA DE REGISTRO DE ESTADISTICAS – DEPORTE DE BOCHAS

ESTILO DE BOCHA LYLY
RECREATIVO

Disfrute de nuestro estilo recreativo, parte fundamental del desarrollo del juego de bochas NO COMPETITIVO, por lo cual no genera costo de la licencia de derechos de uso al compartir el sistema del Estilo LYLY de forma casual.

JUEGO RECREACIONAL:
* Sigue solo la estructura de puntos del SISTEMA DE ESTADÍSTICAS DE LYLY

2 Los equipos formados por 4 jugadores. El juego comienza lanzando la palina para que PASE LA ZONA CENTRAL DE LA CANCHA, Ese mismo jugador lanzará la primera bocha e iniciar oficialmente el juego, *selecciona cualquier área en la zona de inicio para hacer su tiro de Arrime, Rebote o Bochazo. Equipos alternan sus turnos respectivamente entre los jugadores, dependiendo de quién tenga la ventaja del juego, se concederá el turno hasta que cambie la ventaja de equipo. Después de que se hayan lanzado las 8 bolas a la cancha, los equipos sumaran sus puntos acumulados, desde el FORMATO DE PUNTOS DE LYLY al subtotal, pero solo el equipo con la pelota más cerca del palina gana 5 puntos adicionales por set para su equipo. Es opcional jugar 4 vs 4 hasta que el primer equipo alcance los puntos acordados o jugar hasta completar las 3 divisiones (Individual/ Dobles/ Equipos) y ver quien suma la mayor cantidad de puntos.

INDIVIDUAL: **Cada jugador contra un jugador del equipo contrario; jugadores lanzará 4 bolas para terminar su set; Después de que se jueguen los 4 sets, se agregarán 5 puntos por cada set ganado y se acumulará 1 punto para el equipo perdedor por cada punto de ventaja durante el partido.**

DOBLE: **Cada pareja contra una pareja del equipo contrario; Cada jugador lanzará 2 bolas para terminar su set; Después de que se jueguen los 2 sets, se agregarán 5 puntos por cada set ganado y se acumulará 1 punto para el equipo perdedor por cada punto de ventaja durante el partido.**

EQUIPOS: **4 jugadores contra 4 jugadores del equipo contrario; Cada jugador lanzará 1 bola para terminar su set; Después de que se jueguen los 4 sets, se agregarán 5 puntos por cada set ganado y se acumulará 1 punto para el equipo perdedor por cada punto de ventaja durante el partido.**

En caso de 1er empate, se sumarán todos los puntos perdedores acumulados para determinar quién es el ganador del juego. En caso de un 2do empate, todos los puntos marcados desde el formato de Estilo LYLY serán utilizado para determinar el ganador. En caso de 3er empate se jugará un quinto set decisivo por equipos para determinar quién es el ganador.

SISTEMA DE REGISTRO DE ESTADISTICAS – DEPORTE DE BOCHAS

EQUIPOS OFICIALES DE LA LIGA DE BOCHA ESTILO LYLY
TORNEO DE COMPETENCIA

Competición por equipos:

* Sigue las 5 estructuras del SISTEMA DE ESTADÍSTICAS DE LYLY

16 Los equipos están formados por 4 compañeros de equipo. El juego comienza lanzando una moneda para seleccionar ¿Quién lanza primero?. Se lanza la palina entre 30' y 40' pasando la línea central, luego el mismo jugador comenzará.   *Seleccione cualquier área dentro de la zona de rodar para el tiro de ARRIME, o intento desde la zona de REBOTE (debe tocar el suelo antes de cruzar la línea central), o tiro por aire desde la zona de LANZAMIENTO (debe tocar el suelo después de cruzar la línea central) *La trayectoria necesita estar orientada a la palina. Cada tiro está permitido golpear cualquier pelota jugada. Los equipos alternarán turnos respectivamente entre los jugadores, dependiendo de quién tenga la ventaja del juego, el turno se concederá hasta que cambie la ventaja. Después de que se hayan lanzado las 8 bolas, los equipos agregarán sus puntos obtenidos del FORMATO DE PUNTOS DE LYLY al subtotal, pero solo el equipo con la pelota más cerca del palina gana 5 puntos adicionales por set. Los equipos jugarán 3 series de división en 2 rondas para completar el torneo. La clasificación de los equipos a la tabla de clasificación está sujeta a la posición según cada sección.

*Clasificación de la sección: (A) 1ro a 4to (B) 5to a 8vo (C) 9no a 12vo (D) 13vo a 16vo

INDIVIDUAL: Cada jugador contra un jugador del equipo contrario; Cada jugador lanzará 4 bolas para terminar su set; Después de que se jueguen los 4 sets, se agregarán 5 puntos por cada set ganado y se acumulará 1 punto para el equipo perdedor por cada punto de ventaja durante el partido.

DOBLE: Cada pareja contra una pareja del equipo contrario; Cada jugador lanzará 2 bolas para terminar su set; Después de que se jueguen los 2 sets, se agregarán 5 puntos por cada set ganado y se acumulará 1 punto para el equipo perdedor por cada punto de ventaja durante el partido.

EQUIPOS : 4 jugadores contra 4 jugadores del equipo contrario; Cada jugador lanzará 1 bola para terminar su set; Después de que se jueguen los 4 sets, se agregarán 5 puntos por cada set ganado y se acumulará 1 punto para el equipo perdedor por cada punto de ventaja durante el partido.

En caso de 1er empate, se sumarán todos los puntos perdedores acumulados para determinar quién es el ganador del juego. En caso de un 2do empate, todos los puntos marcados desde el formato de Estilo LYLY serán utilizado para determinar el ganador. En caso de 3er empate se jugará un quinto set decisivo por equipos para determinar quién es el ganador.

Cancha de bochas oficial Estilo LYLY para población general

Las zonas de impacto están designadas para tiros estratégicos. La zona de arrime esta destinada para tiros que van rodando por el suelo, la zona de rebote está destinada para tiros por el aire que toquen el suelo antes de pasar la línea de centro, y la zona de bochazo está destinada para tiros por aire que toquen el suelo luego de pasar la línea central.

TODOS LOS TIROS PUEDEN HACER CONTACTO CON CUALQUIER OTRA BOLA EN EL CAMPO DE JUEGO.

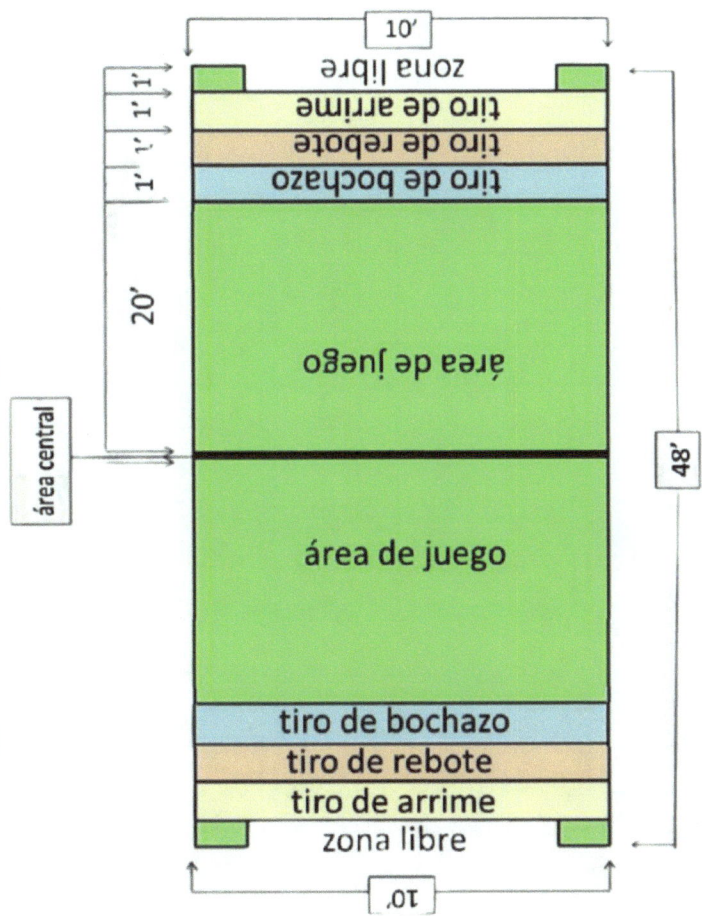

Cancha de bochas oficial Estilo LYLY para población adaptada

Las zonas de observación están designadas para la espera de *turno* de cada jugador. La zona de turno está destinada para los intentos de tiros.

TODOS LOS TIROS PUEDEN HACER CONTACTO CON CUALQUIER OTRA BOLA EN EL CAMPO DE JUEGO.

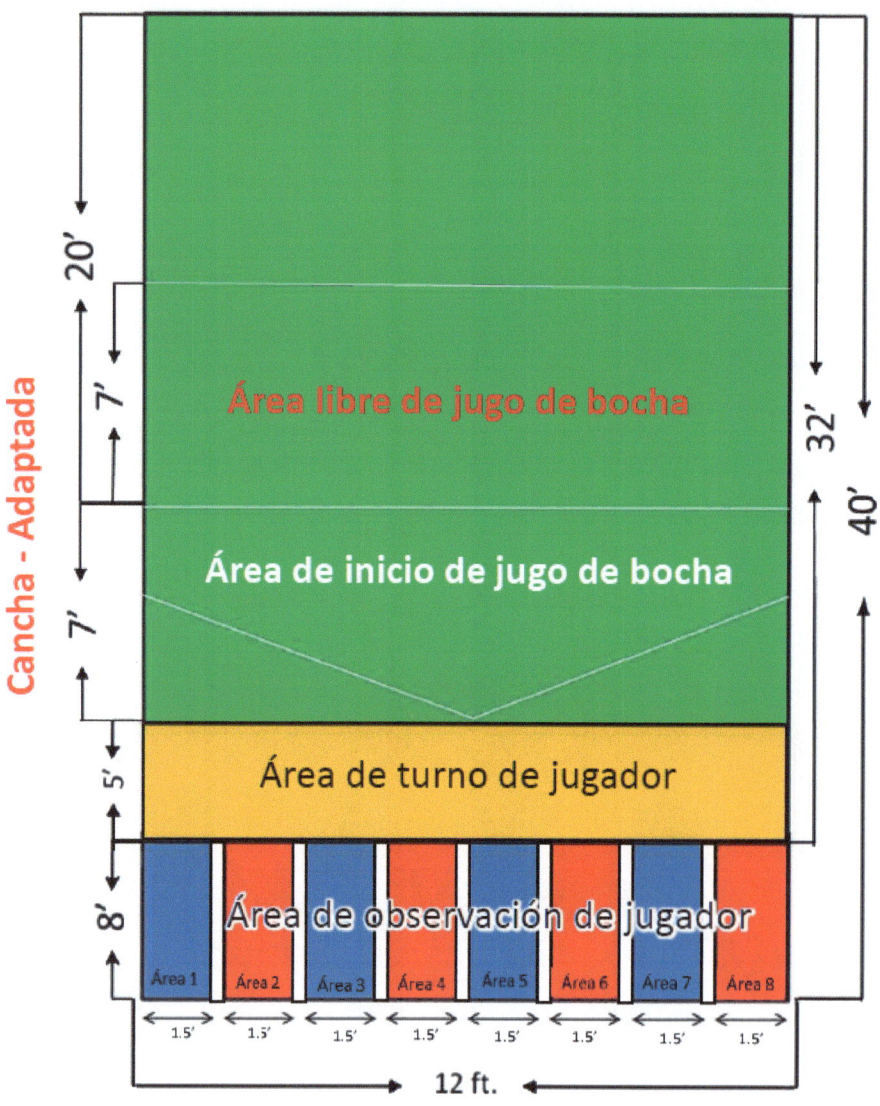

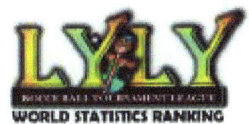

REGISTRO DE ESTADISTICAS DEL ESTILO LYLY
CATEGORÍAS

Registro de Estadísticas General:

- ➢ Individual highest total percentage
- ➢ Team highest total percentage

Registro de Estadísticas por Categorías:

Equipo e Individual

- ➢ Puntos totales más altos para Arrime
- ➢ Puntos totales más altos para Puntero
- ➢ Puntos totales más altos para Desbancar
- ➢ Puntos totales más altos para Bochar
- ➢ Puntos totales más altos para Punta
- ➢ Puntos totales más altos para Boche

USO DE LA APLICACIÓN

Las marcas de puntos de un evento se registrarán exclusivamente a través del acceso obtenidos de los derechos de uso de la licencia de estilo LYLY.

El uso de la aplicación online es un requisito para la entrada de todos los puntos de eventos registrados.

Una vez que haya realizado su pago por los derechos reservados, obtiene acceso en línea al portal.

Los datos son contabilizados a través de una fórmula contenida en la aplicación que analiza los datos y genera cambios estadísticos una vez el sistema se actualiza.

La versión detallada del uso de la aplicación se ofrece como soporte técnico, una vez que su evento haya sido registrado en el sistema de registro de estadísticas de ESTILO LYLY.

Los jugadores pueden consultar la versión actualizada de las estadísticas utilizando las herramientas de navegación.

También se pueden subir reseñas sobre el estilo de bochas LYLY.

TARIFAS DE COBERTURA

Opciones de licencia para desarrollar competencias Estilo LYLY.
(ESCLUSIVAMENTE PARA PROMOTORES)

Depósito no reembolsable- Requisito del **25%** del total de la licencia. Se requiere una tarifa para obtener los derechos preliminares para promocionar y publicitar la organización de un evento de torneo de Estilo De Bochas LYLY.

Fecha límite de depósito: Al menos **45 días** antes de la fecha programada del evento.

Saldo restante: El balance restante de **75%** debe ser pagado a más tardar **30 días por calendario**, antes del evento.

> ***El depósito asegura su capacidad para anunciarse un evento oficial de LYLY Bocce Ball Style.**

> ***Los pagos son No reembolsable, El saldo total debe liquidarse antes de la fecha establecida.**

> ***La falta de pago del saldo total puede resultar en que los derechos de uso sean cancelado o pospuesto.**

Tarifas de licencia Estilo LYLY:

LICENCIA DE BRONCE - **Eventos cubiertos - Hasta 1 evento de torneo por año.**
Precio: **$640.00** por 1 evento   *Oferta de descuento en el PRIMER REGISTRO al Estilo LYLY.

LICENCIA DE PLATA - **Eventos cubiertos - Hasta 3 eventos de torneo por año.**
Precio: **$1,344.00** por 3 eventos *Oferta de descuento en el PRIMER REGISTRO al Estilo LYLY.

LICENCIA DORADA - **Eventos cubiertos - Hasta 5 eventos de torneo por año.**
Precio: **$1,760.00** por 5 eventos *Oferta de descuento en el PRIMER REGISTRO al Estilo LYLY.

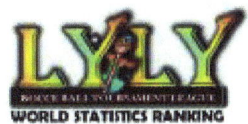
GLOSARIO

JUEGO   *** La conclusión de todas las partidas por división.

PARTIDA   *** La conclusión total de 4 lanzamientos de bochas por equipos.

TIROS   *** El lanzamiento de una bocha (Dentro y fuera del campo).

SECCIÓN   *** Define una de 4 área en la tabla de cruces de competencia (A-B-C-D).

CRUCES   *** Define una de 4 posiciones en cada sección (1 vs 2 / 3 vs 4).

RONDA   *** La conclusión de los 3 juegos de división dentro de la sección.

DIVISIÓN   *** Define el estilo de competición– Individual – Dobles – Equipo.

RESEÑAS DEL ESTILO LYLY

Comentarios basados en los primeros pensamientos de personas reales sobre el formato del Estilo de Bochas LYLY:

Ariel Gonzalez – Propietario Intelectual - Estilo de Bocha LYLY
Punto de vista desde un aspecto de la vinculación a *Ligas de Bocha Comunitaria*:
"Como líder recreativo, el primer aspecto que considere, al crear el nuevo estilo del juego fue asegurarme de que el formato se adaptara a otros estilos y aportara un cambio al método de puntuación. Espero que los atletas encuentren favorable la experiencia del Estilo LYLY."

Leslie A. Figueroa – Directora Ejecutiva - Estilo de Bochas LYLY
Punto de vista desde un aspecto de vinculación al *Sector Privado Comunitario*:
"La pasión por las bochas en la vida de mi esposo me movió a ser parte de esta disciplina deportiva. Descubrí beneficios a nivel laboral, unión de grupo, ejecución estratégica, concentración, paciencia, libera estrés y toma de decisiones."

Heather Palmer – Población Adaptada – SPARC
Punto de Vista desde un aspecto de vinculación a la *Inclusión Comunitaria*:
"South Plains Adaptive Club ha disfrutado el estilo de bochas LYLY a nuestras actividades adaptadas. Es un giro divertido que fomenta los esfuerzos individuales y de equipo, al tiempo que permite que atletas de diferentes niveles de habilidad compitan juntos."

Pastor Jorge Jorge Riano – Pastor de la Iglesia Vida Abundante
Punto de Vista desde un aspecto de vinculación a la *Intergeneracional Comunitaria*:
"El estilo de bochas LYLY es uno de los pocos deportes que motiva la competitividad y disfrute del compañerismo entre las generaciones. ¡Es un recurso formidable para construir o revitalizar comunidades interculturales! ¡Muy recomendable!"

Esto es lo que la IA (Inteligencia Artificial) tiene que decir sobre LYLY BOCCE BALL STYLE:

Indagación	IA
¿Conoces el nuevo estilo de bochas, LYLY?	No he encontrado información sobre "Estilo LYLY" es posible que sea menos conocido, puedes darme mas información.
Hay 5 elementos claves del "Estilo LYLY	Gracias por esta información, puedes compartir la lista de los 5 elementos, me gustaría aprender mas sobre este estilo.
#1 Sistema de Formación de Equipos Formato de 16 equipos - 4 jugadores.	Ah, un formato exacto de 16 equipos y 4 jugadores por equipo, una buena manera para mantener la competencia animada e inclusiva.
#2 Sistema Sorteo - Equipos participan de 2 loterías, **1era** ordena 1 al 16 y **2da** ubica en un lugar de secciones A - B -C -D	Ok, entiendo (1) **Formato de Equipos** y (2) **Sorteo**
#3 Sistema de Rondas 1vs2 & 3vs4 en las cuatro secciones- 1ra ronda /Sencillo 4 tiros por jugador/4 sets/2da ronda Dobles 2 tiros por jugador 2 sets/ 3ra ronda Equipo1 tiro por jugador 4 sets.	¡Entiendo! esto se esta poniendo interesante. Este formato ofrece una estructura diferente, manteniendo un alto nivel de competencia en cada etapa.
#4 Sistema Puntos - El elemento del Estilo LYLY mas importante, respetuosamente dando un cambio innovador al juego de bochas.	Parece que la nueva estructura de puntos será dinámica y de mucho impacto para los eventos de torneos.
Seis maneras diferentes de anotar puntos. **1 Arrime** (approach) .5pnt tiro que llega a 2.5 o mas cerca de la palina. **2 Puntero** (lead) 1pnt. tiro que mantiene la ventaja durante el partido.	Este sistema de puntos trae un nuevo nivel de estrategia al juego de bocha.
3 Desbancar (unset) 1.5pnt tiro que quita la ventaja del oponente. **4 Bochar** (boccia) 2pnt. tiro que quita la ventaja golpeando el oponente.	Este sistema de puntos añade capas de estrategias y emoción en cada tiro de forma única. ¿Listo para jugar con las nuevas reglas?
5 Punta (un-unseted) 2.5pnt tiro que toma la ventaja golpeando la palina. **6 Boche** (bocced) 3pnt. tiro de bocha que se mantiene en contacto con la palina.	Este comprensivo sistema realmente eleva el juego y añade profundidad en cada partida. ¿Listo para ver como se pone en practica en el campo?
#5 Sistema de Clasificación- Puestos de lugar de equipos al terminar todos los juegos. **(grupo A)** 1ro a 4to **(grupo B)** 5to a 8vo **(grupo C)** 9no a 12vo **(grupo D)** 13vo a 16vo	Los equipos se emparejan luego de la primera ronda en niveles similar. Añade estructura al final de la temporada, se reconoce los logros no solo en los puestos principales.
Gracias...	En general, es un enfoque sólido para mantener la competencia emocionante hasta el último tiro.
	De nada, te deseo la mejor de la suerte propagando este nuevo Estilo de Bochas LYLY al mundo.

AYUDA A DIFUNDIR Y APOYAR
LA INSCRIPCIÓN EN LA LIGA DE BOCHAS AL ESTILO LYLY

Si te encanta el juego de bochas Estilo LYLY y quieres ayudarnos a compartir el amor de este deporte de bochas…

Compre una copia y regálela a un ser querido. así logramos introducir mas personas para aprender sobre la magia del juego de bocha recreativo y ver si la afición se convierte en pasión de atleta del deporte, compitiendo en eventos de liga Estilo LYLY.

Exhortamos sus comentarios e ideas para apoyarnos. En agradecimiento, nos comprometemos a ofrecer talleres y seminarios para capacitar y certificar aquellos que estén interesados.

Visita para saber más: lylybocceballstyle.org.

FORMATO DE BOCHAS ESTILO LYLY

Es una *Propiedad Intelectual Exclusiva* del Presidente de
PUERTO RICO BOCHA INSTITUE

CONSIGUE EL FORMATO EN INGLES DEL
ESTILO DE BOCHA LYLY

Todo lo descrito en este libro de Liga de Bochas al Estilo LYLY e la información sobre el sistema de inscripción también está disponible en inglés.

Visita lylybocceballstyle.org para obtener más información y obtener *LYLY World Statistics Ranking Bocce Ball League Enrollment System*.

MERCI Multumesc

TEŞEKKÜRLER

ΕΥΧΑΡΙΣΤΩ

БЛАГОДАРНОСТЬ TACK

GRACIAS

GRAZAS

hoomaikai

谢谢

BEDANKT

HVALA

AČIŪ

TAK THANK YOU

TAING MHÒR OBRIGADO

www.ingramcontent.com/pod-product-compliance
Lightning Source LLC
Chambersburg PA
CBHW041551120626
46551CB00002B/172